AF313803

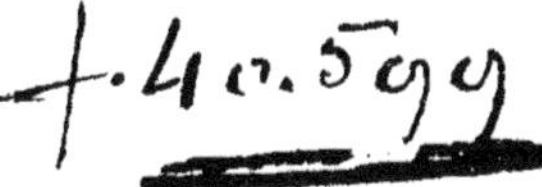

VENTE DES MARDI 24 ET MERCREDI 25 AVRIL 1894

HOTEL DROUOT, SALLE N° 1

SUCCESSION

DE

MADAME VEUVE J. F. MILLET

DESSINS

TABLEAUX ET GRAVURES

PAR

J. F. MILLET

TABLEAUX ANCIENS

Meubles et Objets d'Art

COMMISSAIRE-PRISEUR

M° PAUL CHEVALLIER

10, rue de la Grange-Batelière, 10

EXPERTS

Pour les Tableaux et Dessins :   Pour les Meubles et Objets d'Art .

M. DURAND-RUEL   **M. Charles MANNHEIM**

16, rue Laffitte, et rue Le Peletier, 11 .   7, rue Saint-Georges, 7

EXPOSITION : Le Lundi 23 Avril 1894, de 1 h. 1/2 à 5 h. 1/2

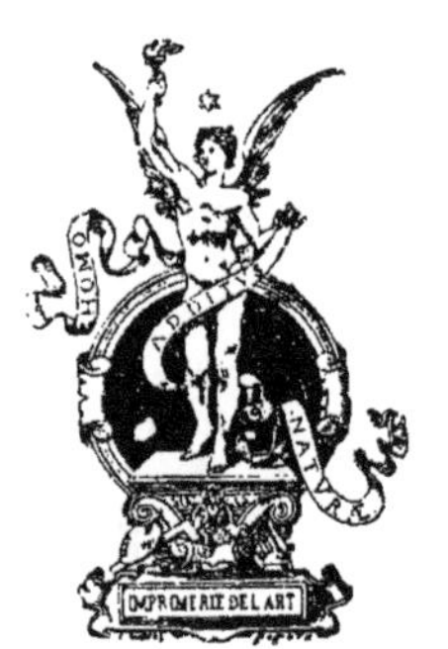

24 Avril 1894

CATALOGUE

DE

DESSINS

TABLEAUX ET ESQUISSES

PAR

J. F. MILLET

TABLEAUX ANCIENS

Meubles et Objets d'art

FAIENCES

DÉPENDANT

DE LA SUCCESSION DE MADAME VEUVE J. F. MILLET

ET DONT LA VENTE AURA LIEU

à Paris

HOTEL DROUOT, SALLE Nº 1

Les Mardi 24 et Mercredi 25 Avril 1894

A DEUX HEURES PRÉCISES

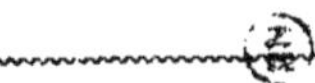

COMMISSAIRE-PRISEUR

Mᵉ PAUL CHEVALLIER

10, rue de la Grange-Batelière, 10

EXPERTS

Pour les Tableaux et Dessins :	*Pour les Meubles et Objets d'Art :*
M. DURAND-RUEL	**M. CHARLES MANNHEIM**
16, rue Laffitte, et rue Le Peletier, 11	7, rue Saint-Georges, 7

EXPOSITION : Le Lundi 23 Avril 1894, de 1 h. 1/2 à 5 h. 1/2

CONDITIONS DE LA VENTE

Elle sera faite au comptant.

Les Acquéreurs payeront CINQ POUR CENT en sus des adjudications.

L'exposition mettant le public à même de se rendre compte de l'état des objets, il ne sera admis aucune réclamation une fois l'adjudication prononcée.

Toutes les œuvres de J. F. Millet porteront, selon leur importance, l'un de ces trois cachets :

La veuve de Jean-François Millet vient de
mourir. On va vendre à l'hôtel Drouot, d'ici
peu, les dessins, les feuillets d'album, les
bouts de page où le maître, au jour le jour,
consigna l'attitude qui le frappait, le mouvement qui l'avait séduit, la silhouette dont la
préoccupation le hantait, la première pensée,
en un mot, de ses grandes toiles.

Ces précieuses reliques, Mme Millet avait
toujours refusé de s'en défaire. Elles lui rap-
pelaient, avec une touchante et simple élo-
quence, toutes les étapes d'une vie dont elle
avait partagé les angoisses et suivi, avec un
dévouement passionné, le dur labeur. Cette
mère donnant à ses marmots la becquée, c'était
elle; ces pas indécis d'enfant, elle les avait
soutenus; ce faucheur, elle l'avait vu, sous le
soleil, promener à gestes rythmiques dans les
blés la lame étincelante de sa faux; elle avait
connu ces laveuses, nommé par leur nom ces
bergers, salué à leur départ pour les champs
ces glaneuses. Autant de coups de crayon,
autant de fibres qui la rattachaient délicieu-
sement au passé, qui la consolaient doucement

de ce grand vide fait en elle, depuis 1875, par la mort.

Elle a rejoint, dans le petit cimetière de Chailly, Jean-François; elle y dort à ses côtés le grand sommeil. Ses cinq filles, ses trois fils auraient aimé à garder intact, après elle, l'héritage conservé par elle si pieusement, mais la vie a des nécessités qui s'imposent, et la collection va passer sous le feu des enchères.

Elles n'auront rien de sensationnel, ces enchères. Une vente de cette nature n'est pas de celles qui font rouler à grand fracas les millions. Les collectionneurs de marque, les musées, que les œuvres maîtresses attirent seules, auront peu de chose à glaner dans ces modestes souvenirs. En revanche, les délicats de toute nature, les artistes, les connaisseurs affinés que sont souvent les collectionneurs les plus humbles goûteront la saveur d'inachevé toute spéciale que laissent ces puissantes esquisses. Ils s'inclineront devant cette admirable conscience, ils trouveront une incomparable beauté à ces recherches, et ils se disputeront jusqu'au moindre ces croquis où Millet, avant de les fixer d'un trait définitif, a noté en quelques coups de crayon les acteurs et sommairement arrêté les grandes scènes de sa rustique épopée.

Dans les deux cent cinquante morceaux, en effet, qui constituent cet ensemble, on retrouvera en épreuves réduites ou en germe toutes les grandes œuvres du maître. Depuis le *Vanneur* qui parut en 1848 au Salon et qu'un incendie a détruit à Boston, jusqu'à ce fameux *Angelus* exposé en 1867, vendu en 1889 à la trop riche Amérique et reconquis par M. Chauchard, l'an dernier, tout y est : — le *Semeur* de 1850, l'*Effet de soir* de 1853, le *Berger, la nuit, dans un parc*, le *Berger ramenant, au soleil couchant, son troupeau*, le *Greffeur*, du Salon de 1855; les *Glaneuses*, de 1857; l'*Attente*, la *Femme faisant manger ses enfants*, la *Tondeuse de moutons*, de 1861; l'*Homme à la houe*, de 1863; la *Tricoteuse*, de 1864; la *Récolte des pommes de terre*, de 1867.

On suivra ainsi pas à pas, dans sa marche toujours ascendante, le robuste génie de l'artiste. Les scènes bibliques, dont l'austère grandeur le toucha, les scènes religieuses dont il évoqua, dans sa foi naïve, un grand nombre, sont représentées par quelques dessins non finis, mais d'une beauté accomplie. Le *Départ de l'enfant prodigue* et le *Saint Jérôme tenté par les femmes* sont des morceaux achevés dans leur genre, le second en particulier. Mordu des baisers d'une pécheresse, obsédé ironiquement par une autre, le saint s'est accroupi dans le désert, à bout de forces. De la main gauche, il s'est caché le visage; il écarte avec terreur, de la droite, la plus hallucinante des visions, celle qui lui cache, des nudités subitement dévoilées de son corps jeune, le symbole réconfortant de la croix.

Ces quelques dessins mis à part, avec l'esquisse à la cire d'une *Cérès* et d'un *Daphnis et Chloé*, exécutés vers 1865, pour la décoration d'un hôtel particulier, nous n'avons plus devant nous, dans les autres, que le peintre ému de la terre et des brutes pensives qui la fouillent. Tantôt, en de rapides aquarelles, c'est un bois touffu dont il indique les frondaisons par grandes masses, une eau qui miroite, limpide, une chaumière dont les blancheurs s'accentuent des ombrages voisins ; tantôt, en de minutieux croquis à la plume, grands comme le creux de la main, il détaille, d'une facture précise et serrée, le relief à perte de vue d'un pays, chemins montants qui s'enroulent au flanc d'un côteau, clochers trapus qui surplombent des groupes de maisons basses, aux murs ventrus faits de galets, aux toits de chaume rongés par la mousse, ravinés par la furie des vents de mer.

Ailleurs, dans des pages superbes dont la concision, cette fois, émerveille, dont la sobriété suffit à tout dire, des bouts de mer encadrés par les falaises natales, d'infinis horizons circonscrits par d'étroites et basses langues de terre. Ailleurs encore, c'est la Brie, et, dans la

Brie, le coin hospitalier de Barbizon, la forêt
avec la calme majesté de ses futaies; les nuits
d'été où, sous les gouttes d'argent de la lune,
dans les parcs, enclos de barrières à claire-voie,
dorment les moutons entassés ; les soirs d'au-
tomne, où, dans les chaumes, le soc tranchant
de la charrue défonce, rigide et droit, les mottes
brunes.

C'est enfin, après le poëme de la terre, celui
du travailleur. Inutile d'en retracer, tant elles
sont connues, les grandes lignes. Laboureurs et
bûcherons, vachères et jardiniers, servantes de
ferme et tâcherons, moissonneurs et faneuses,
bergères et gardeuses de dindons, tondeuses de
brebis et semeurs, vanneurs et gauleurs de
noix, lavandières et pâtres, tous, en d'innom-
brables croquis, se retrouvent avec leur geste
familier, leur marche lente, leur sérénité im-
passible, leurs loques. A voir ces silhouettes
vingt fois reprises, vingt fois essayées sous des
aspects divers, on sent que l'artiste, jamais, ne fit
poser. Tandis que nos réalistes modernes tien-
nent ankylosés devant eux, d'interminables
heures, des scieurs de long, des forgerons, des
terrassiers, des charpentiers, des paveurs, tandis qu'à tant s'obstiner ils les figent dans un
mouvement que la fatigue aveulit, Millet se
contente, au passage, d'observer, il emmagasine
dans son cerveau les images, parfois croque

une silhouette en cinq secondes, et de toutes
ces images réunies, refondues par un travail
intérieur, il compose la silhouette définitive, la
seule juste. Comme elle n'est point déformée
par la pose, elle garde l'accent vrai de la nature, et comme elle résulte d'un choix, elle
résume en elle toutes les autres.

Pour les artistes du jour, volontiers oublieux
du dessin, que la photographie, dans les études
préliminaires, remplace, quel enseignement fé-
cond que ces études ! On se rend compte, à
les examiner à loisir, que ces instantanés dont
les jeunes font tant de cas, loin de leur venir
en aide, les abusent. Les successions d'images
qu'ils fournissent constituent la décomposition
d'un mouvement, mais le mouvement d'ensemble, où est-il ? De là tant de gestes bizarres,
tant d'allures anormales, tant de figures sans
aplomb. C'est le travail mécanique substitué au
travail patient, réfléchi. Ce n'est plus de l'art,
c'est la négation même de l'art.

La technique de Millet, au contraire, avec
les abréviations qu'elle exige, avec les simpli-
fications qu'elle entraîne, aboutit fatalement au
style. Et quelle grandeur dans ce style !
Pas une de ces conceptions qui n'affecte, à
l'insu même de l'artiste, le caractère tantôt
d'une statue, tantôt d'un bas-relief. Aussi Millet
a-t-il exercé, sans le vouloir, une influence pro-

fonde sur l'école moderne de sculpture. Vous reconnaîtrez aisément, à la rusticité héroïque de leurs œuvres, ceux qui se sont inspirés, en statuaire, de ses indications. Ils lui ont emprunté sa méthode; elle les a conduits au succès; elle a fait de Constantin Meunier un vrai maître.

Jetons un coup d'œil, maintenant, sur les pièces les plus caractéristiques, semble-t-il, de cette instructive collection. Il y a là, en première ligne, une esquisse peinte, le *Repas des moissonneurs*, dont le charme est infini. Les « aoutins » sont las. Au pied d'une montagne de gerbes dont le sommet s'arrondit en meule, ils se sont couchés, à l'heure du midi, sur le chaume, attendant les compagnons qui leur manquent. L'un d'entre eux, montrant la vaste écuelle où mijote la bouillie de sarrazin, la cruche pansue d'où une fille de la ferme verse le cidre, invite à ce frugal repas une glaneuse. Sur les silhouettes arrêtées d'un trait sobre, un léger frottis de couleur donne l'illusion du plus harmonieux des pastels. C'est une œuvre.

Parmi les crayons, une merveille : un menuisier en manches de chemise, assis, les bras croisés, sur une chaise devant son établi. C'est le ferme dessin du père Ingres, avec des délicatesses analogues, et plus de nuances. Que de morceaux il faudrait noter à côté de cette pièce capitale ! Un portrait de garçonnet, qui est exquis, la *Chasse de nuit aux oiseaux*, les *Moutons sous bois*, le *Semeur*, la *Tricoteuse debout*, les *Bécheurs*, l'*Homme à la bêche*, les *Faneuses* et ces délicieuses *Lavandières* dont le mouvement a l'idéale pureté d'un antique.

Mais j'empiète sur le catalogue; j'ai tort. On gâterait, à les énumérer en détail, ces belles choses. Contentons-nous de mentionner, à la suite des dessins du maître, quelques études au crayon de Delacroix et cette poignante figure d'évêque, écrivant, sous l'inspiration de la Vierge, à sa table, que peignit la main du Greco.

THIÉBAULT SISSON.

ŒUVRES DE J. F. MILLET

TABLEAUX

1 — *Le Repas des moissonneurs.*

Occupant la gauche du tableau, des moissonneurs, les uns couchés sur le sol, d'autres assis, se reposent de leurs fatigues au pied d'une meule.

Ils vont prendre leur modeste repas et, près du vaste récipient contenant la bouillie de sarrazin, une femme s'apprête à verser le cidre.

A droite, l'un des moissonneurs, d'un geste plein de commisération, tend la main à une pauvre glaneuse et l'invite à prendre part au repas.

Au fond, quelques meules en pleine lumière.

Belle composition.

Haut., 48 cent.; larg., 86 cent.

2 — *Buste de femme.*

Vue de face, une femme, vêtue d'un corsage brun à large guimpe et coiffée d'un bonnet de tulle, est représentée en buste.

Toile. Haut., 40 cent.; larg., 30 cent.

3 — *Cérès.*

La déesse est représentée debout, faisant face au spectateur. Le torse nu, la tête ceinte de feuillage, les hanches drapées de rouge, elle s'appuie de la main gauche sur un van posé à terre. La main droite tient une faucille.

Peinture à la cire.

Toile. Haut., 30 cent.; larg., 17 cent.

4 — *Tête de femme.*

Une jeune femme aux cheveux noirs, vêtue d'un corsage garni d'une collerette en guipure rattachée par une broche, est représentée en buste.

Fond gris.

Signé à gauche du monogramme.

Toile. Haut., 55 cent.; larg., 48 cent.

5 — *Le Hameau.*

Peinture ; esquisse à la sépia.

Haut., 54 cent.; larg., 72 cent.

6 — *L'Eglise de Gréville.*

Peinture ; esquisse à la sépia.

Haut.; 59 cent.; larg., 74 cent.

6 bis — *Daphnis et Chloé.*

Peinture à la cire.

Toile. Haut. 36 cent.. larg., 25 cent.

DESSINS, PASTELS

AQUARELLES ET CROQUIS

7 — *Portrait de Mme *.***

Dessin au crayon noir rehaussé de blanc.

Haut., 54 cent.; larg., 44 cent.

8 — *Le Départ de l'enfant prodigue.*

Dessin au fusain, sur toile.

Haut., 41 cent.; larg., 44 cent.

9 — *Scène biblique.*

Dessin au crayon noir.

Haut., 58 cent.; larg., 45 cent.

10 — *Paysan tenant un van.*

Dessin au fusain.

Haut., 47 cent.; larg., 30 cent.

11 — *La Nuit, chasse aux oiseaux.*

Dessin au fusain rehaussé de blanc.

Haut., 57 cent.; larg., 71 cent.

12 — *Jardin en Normandie.*

Dessin au crayon noir.

Haut., 27 cent.; larg., 30 cent.

13 — *Pré en Normandie.*

Aquarelle.

Haut., 24 cent.; larg., 22 cent.

14 — *Troupeau de moutons ; sous bois.*

Dessin au crayon noir rehaussé de blanc.

Haut., 21 cent.; larg., 35 cent.

15 — *Femme appuyée.*

Dessin au crayon noir.

Haut., 43 cent.; larg., 27 cent. 1/2.

16 — *Bergère assise.*

Dessin au crayon noir.

Haut., 38 cent.; larg., 28 cent.

17 — *Étude de maison en Normandie.*

Dessin à la plume.

Haut., 18 cent.; larg., 22 cent.

18 — *Fillette avec sa poupée.*

Dessin à la mine de plomb.

Haut., 19 cent.; larg., 24 cent.

19 — *Le Parc à moutons.*

Dessin au crayon noir.
Étude pour le tableau.

Haut., 21 cent; larg., 30 cent. 1/2.

20 — Femme coupant des choux.

Dessin au crayon noir.
Étude pour le pastel.

Haut., 24 cent.; larg., 17 cent.

21 — Le Prieuré de Vauville.

Dessin à la plume et à l'encre de Chine.

Haut., 17 cent. 1/2; larg., 23 cent. 1/2.

22 — Étude de berger.

Dessin au crayon noir.

Haut., 28 cent.; larg., 20 cent.

23 — Chaumières à Gréville.

Dessin à la mine de plomb.

Haut., 19 cent.; larg., 26 cent.

24 — La Leçon de couture.

Dessin à la mine de plomb.

Haut., 22 cent. 1/2; larg., 18 cent.

25 — Le Départ pour le marché.

Dessin au fusain.

Haut., 28 cent.; larg., 26 cent.

26 — La Tentation de saint Antoine.

Dessin au fusain.

Haut., 31 cent.; larg., 39 cent.

27 — Les Tireurs de varech.

Dessin au crayon noir.

Haut., 21 cent. 1/2; larg., 28 cent.

28 — *Étude de femme : le départ pour le travail.*

Dessin au crayon noir.

Haut. 28 cent. 1/2 ; larg., 19 cent.

29 — *Paysanne assise.*

Dessin au fusain.

Haut., 29 cent.; larg., 19 cent.

30 — *Paysan repassant une faux.*

Dessin au crayon noir.

Haut., 29 cent.; larg., 19 cent.

31 — *Paysage d'Auvergne.*

Dessin à la plume rehaussé de pastel.

Haut., 19 cent.; larg., 31 cent.

32 — *Le Fendeur de bois.*

Dessin au crayon noir.

Haut., 35 cent.; larg., 19 cent.

33 — *Sur la falaise.*

Dessin au crayon noir.

Haut., 26 cent. 1/2 ; larg., 30 cent.

34 — *Femme buvant.*

Dessin au crayon noir.

Haut., 27 cent.; larg., 18 cent.

35 — *Gardeuse d'oies.*

Dessin au crayon noir.

Haut., 15 cent.; larg., 17 cent.

36 — *Les Falaises ; environs de Gréville.*

Dessin au crayon noir.

Haut., 30 cent.; larg., 45 cent.

37 — *Bateau de pêche.*

Dessin à la plume et au crayon noir.

Haut., 18 cent. 1 2 : larg., 25 cent.

38 — *Chemin creux en Normandie.*

Dessin au crayon noir rehaussé de blanc.

Haut., 28 cent : larg., 44 cent.

39 — *Le Greffeur.*

Dessin au crayon noir.

Haut., 29 cent.; larg., 21 cent.

40 — *Femme donnant à manger aux poules.*

Dessin au crayon noir.

Haut., 38 cent.; larg., 25 cent.

41 — *Paysan assis.*

Dessin au crayon noir.
Au verso : Paysage (dessin à la plume).

Haut., 9 cent.; larg., 14 cent.

42 — *La Maison natale de Millet, à Gréville.*

Dessin au crayon noir.

Haut., 30 cent.; larg., 44 cent.

43 — *La Fileuse.*

Dessin au crayon noir.

Haut., 28 cent.; larg., 22 cent.

44 — *Les Falaises de Gréville.*

Dessin au crayon noir.

Haut., 31 cent.; larg.. 46 cent.

45 — *Le Jardin du paysan.*

Dessin au crayon noir.

Haut-, 27 cent. 1/2 ; larg., 40 cent.

46 — *Le Berger ; effet d'hiver.*

Dessin au crayon noir.

Haut., 41 cent.; larg., 31 cent.

47 — *Paysan tenant un fléau.*

Dessin au fusain.

Haut., 49 cent.; larg., 25 cent.

48 — *Femme appuyée à un arbre.*

Dessin au crayon noir.

Haut., 27 cent.; larg., 18 cent.

49 — *La Résurrection de Lazare.*

Dessin au crayon bleu.

Haut., 19 cent.; larg., 30 cent.

50 — *Les Soins maternels.*

Dessin au crayon noir.

Haut., 27 cent.; larg., 19 cent.

51 — *Femme sur un âne ; et croquis divers.*

Dessin au crayon noir.

Haut., 22 cent.; larg., 35 cent. 1 2.

52 — *Tête de femme.*

Étude au crayon noir.

Haut., 22 cent.; larg., 35 cent.

53 — *Moutons sous bois.*

Dessin à la plume.

Haut., 16 cent. 1 2, larg., 30 cent.

54 — *Hautes falaises en Normandie.*

Dessin à la plume rehaussé de pastel.

Haut., 17 cent. 1 2 ; larg., 26 cent. 1/2.

55 — *Bergère tricotant.*

Dessin au crayon noir.

Haut., 27 cent.; larg., 18 cent.

56 — *La Nuit, chasse aux oiseaux.*

Dessin au fusain rehaussé de blanc.

Haut., 47 cent.; larg., 49 cent.

57 — *Les Falaises de Gréville.*

Dessin au crayon noir.

Haut., 20 cent.; larg., 30 cent.

58 — Hameau de Gruchy.

Dessin au crayon noir.

Haut., 19 cent.; larg., 30 cent. 1/2.

59 — Femme assise.

Dessin au crayon noir.

Haut., 30 cent.; larg., 19 cent.

60 — Portrait de M. M.

Dessin au crayon noir.

Haut., 29 cent.; larg., 22 cent. 1/2.

61 — La Becquée aux enfants.

Dessin au crayon noir.

Haut., 21 cent.; larg., 15 cent. 1/2.

62 — La Sieste.

Dessin au crayon noir.

Haut., 21 cent.; larg., 27 cent.

63 — Environs de Vichy.

Aquarelle.

Haut., 11 cent.; larg., 15 cent. 1/2

64 — Paysage d'Auvergne.

Dessin à la plume rehaussé de pastel.

Haut., 11 cent.; larg., 16 cent.

65 — Maison aux environs de Vichy.

Dessin à la plume.

Haut., 16 cent.; larg., 28 cent. 1/2.

66 — *La Pointe de Gréville.*

Dessin au crayon noir.

Haut., 23 cent.; larg., 30 cent.

67 — *Enfant assis.*

Dessin au crayon noir.

Haut., 17 cent.; larg., 12 cent.

68 — *Étude de falaise.*

Dessin au crayon noir.

Haut., 28 cent. 1/2; larg., 22 cent.

69 — *La Réprimande.*

Dessin au fusain.

Haut., 23 cent.; larg., 22 cent.

70 — *Femme au puits.*

Dessin au fusain.

Haut., 30 cent.; larg., 30 cent.

71 — *Le Départ pour le marché.*

Dessin au fusain.

Haut., 27 cent.; larg., 33 cent.

72 — *Enfant gardant son petit frère.*

Dessin au fusain. Étude pour le pastel.

Haut., 18 cent.; larg., 22 cent.

73 — *Environs de Cusset.*

Dessin à la plume.

Haut., 17 cent.; larg., 23 cent.

74 — *Hameau en Normandie.*

Dessin au crayon noir.

Haut., 23 cent. 1 2; larg, 31 cent.

75 — *La Plaine, soleil couchant.*

Dessin à la plume.
Vente J. F. Millet.

Haut., 12 cent. 1/2; larg., 15 cent. 1/2.

76 — *Effet de nuit.*

Dessin au crayon noir.

Haut., 19 cent.; larg., 29 cent.

77 — *Étude de paysanne.*

Dessin à la mine de plomb.

Haut., 21 cent.; larg., 14 cent.

78 — *Étude de jeune paysan.*

Dessin au crayon noir.

Haut., 25 cent.; larg., 19 cent.

79 — *Agar, étude pour le tableau.*

Dessin au crayon noir.

Haut.. 20 cent. 1 2; larg., 26 cent. 1 2.

80 — *Étude de paysanne.*

Dessin au crayon noir.

Haut., 22 cent.; larg., 11 cent.

81 — *Études de femme.*

Croquis au crayon noir.

Haut., 23 cent.; larg., 19 cent.

82 — *Falaises à Gréville.*

Dessin au crayon noir.

Haut., 22 cent. 1/2; larg., 31 cent.

83 — *Clos en Normandie.*

Dessin au crayon noir.

Haut., 18 cent.; larg.. 30 cent.

84 — *Femme appuyée.*

Dessin au crayon noir.

Haut., 43 cent.; larg., 22 cent.

85 — *Les Bêcheurs.*

Dessin au crayon noir.

Haut , 20 cent.; larg., 28 cent.

86 — *Portrait de M. P. M.*

Dessin au crayon noir rehaussé de blanc.

Haut., 43 cent.; larg., 28 cent.

87 — *Jeune couseuse assise.*

Dessin au crayon noir.

Haut., 16 cent.; larg., 17 cent. 1 2.

88 — *Les Rochers de la Plante à Biaud (plaine de Barbizon)*.

Aquarelle.

Haut., 14 cent.; larg., 22 cent.

89 — *Le Départ pour le travail.*

Dessin au crayon noir.

Haut., 15 cent.; larg., 21 cent.

90 — *Les Charbonniers.*

Dessin au crayon noir.

Haut, 20 cent.; larg., 28 cent.

91 — *L'Enfant prodigue.*

Dessin au crayon bleu.

Haut., 20 cent.; larg., 27 cent.

92 — *Les Noces de Cana.*

Dessin à la mine de plomb.

Haut., 20 cent.; larg, 30 cent.

93 — *L'Annonciation.*

Trois études à la plume.

Haut., 15 cent. larg., 19 cent.

Même sujet.

Haut., 11 cent.; larg., 15 cent.

94 — *Paysage d'Auvergne.*

Dessin à la plume.

Haut., 21 cent.; larg., 29 cent.

95 — L'Adoration des bergers.

Croquis à la mine de plomb.

Haut., 13 cent ; larg., 21 cent.

96 — Le Christ marchant sur les eaux.

Croquis à la mine de plomb.

Haut., 15 cent.; larg , 20 c.nt.

97 — L'Adoration des bergers.

Dessin à la mine de plomb.

Haut., 18 cent.; larg., 27 cent.

98 — Paysan assis.

Deux études, dessin au crayon noir.

Haut., 9 cent. 1 2; larg., 15 cent.

99 — Chemin dans la forêt de Fontainebleau.

Dessin à la mine de plomb.

Haut., 20 cent.; larg., 31 cent.

100 — Enfants couchés.

Dessin au crayon noir.

Haut., 18 cent.; larg., 27 cent.

101 — La Bergère.

Dessin au crayon noir.

Haut., 19 cent.; larg., 15 cent.

102 — Femme trayant une vache.

Dessin au crayon noir.

Haut., 16 cent.; larg., 25 cent.

103 — Maison.

Croquis au fusain.

Haut., 9 cent.; larg., 14 cent.

Le Hameau.

Dessin à la plume rehaussé d'aquarelle.

Haut., 9 cent. 1/2; larg., 15 cent.

104 — La Becquée aux enfants.

Croquis au crayon noir.

Haut., 6 cent. 1/2; larg., 5 cent.

Femme liant des gerbes.

Dessin à la mine de plomb.

Haut., 10 cent.; larg., 7 cent. 1/2.

105 — Bergère auvergnate.

Dessin au crayon noir.

Haut., 18 cent.; larg., 27 cent.

106 — La Toilette de l'enfant.

Dessin au crayon noir.

Haut., 13 cent.; larg., 8 cent.

107 — Paysanne portant un seau et un fagot.

Dessin au crayon noir.

Haut., 13 cent. 1/2; larg., 9 cent.

108 — *Femme portant un enfant.*

Dessin au crayon noir.

Haut., 31 cent.; larg., 20 cent.

109 — *Paysage de Normandie.*

Dessin à la plume rehaussé de pastel.

Haut., 19 cent. 1/2 ; larg., 30 cent.

110 — *Les Chargeurs de blé.*

Dessin à la mine de plomb.

Haut., 19 cent.: larg., 21 cent.

111 — *La « Dent du Marais » (Lac Chambon).*

Dessin à la plume.

Haut., 20 cent.: larg., 25 cent.

112 — *Paysage avec vaches.*

Dessin à la sanguine.

Haut., 14 cent.; larg., 28 cent.

113 — *Le Semeur.*

Dessin au crayon noir.

Haut., 25 cent.; larg., 20 cent.

114 — *L'Attente.*

Dessin à la mine de plomb.

Haut., 19 cent. 1/2 ; larg., 27 cent.

115 — *Soleil couchant.*

Dessin à la mine de plomb.

Haut., 12 cent. 1/2 ; larg., 23 cent

116 — *Paysage d'Auvergne.*

Dessin à la plume.

Haut., 20 cent.; larg., 26 cent.

117 — *Berger avec son troupeau, près du moulin à vent, plaine de Barbizon.*

Dessin au crayon noir.

Haut., 18 cent.; larg., 31 cent.

118 — *Paysage normand.*

Dessin à la plume rehaussé de pastel.

Haut., 17 cent. 1/2 : larg., 25 cent.

119 — *Bergère tricotant.*

Dessin au crayon noir.

Haut., 27 cent.; larg , 18 cent.

120 — *Jeune garçon gardant un enfant.*

Dessin au fusain.

Haut., 25 cent.: larg., 21 cent.

121 — *Le Moulin à vent ; plaine de Barbizon.*

Dessin au crayon noir.

Haut., 17 cent. 1/2 : larg., 29 cent.

122 — *La Nuit ; chasse aux oiseaux.*

Dessin à la mine de plomb.

Haut., 19 cent.; larg., 22 cent.

123 — *Paysage d'Auvergne.*

Dessin à la plume.

Haut., 21 cent.; larg., 36 cent.

124 — *La Traite des vaches.*

Dessin au crayon noir.

Haut., 15 cent.; larg., 22 cent.

125 — *Paysan battant le briquet.*

Dessin à la mine de plomb.

Haut., 11 cent. 1/2; larg., 18 cent.

126 — *Paysanne au repos.*

Dessin au crayon noir.

Haut., 19 cent.; larg., 9 cent. 1/2.

127 — *La Leçon de couture.*

Dessin au crayon noir.

Haut., 33 cent.; larg., 23 cent.

128 — *Femme regardant passer les oies.*

Dessin au crayon noir.

Haut., 31 cent.; larg., 22 cent.

129 — *Paysage ; environs de Cherbourg.*

Dessin au crayon noir.

Haut., 23 cent.; larg., 33 cent.

130 — *Scène biblique.*

Dessin au crayon noir.

Haut., 62 cent.; larg., 46 cent.

130 *bis* — *Le Hameau de Gruchy.*

Dessin au crayon noir.

Haut., 30 cent.; larg., 22 cent. 1/2.

131 — *Femme au râteau et femme assise.*

Dessin au crayon noir.

Haut., 19 cent.; larg., 20 cent.

131 *bis* — *Femme au râteau et tête de femme.*

Dessin au crayon noir.

Haut., 20 cent.; larg., 11 cent. 1/2.

132 — *L'Étendeur de fumier.*

Croquis à la mine de plomb.

Haut., 8 cent. 1/2; larg., 12 cent.

Famille se reposant sous un arbre.

Croquis au crayon noir.

Haut., 9 cent. 1/2; larg., 12 cent.

133 — *L'Annonciation.*

Croquis à la plume.

Haut., 11 cent.; larg., 9 cent. 1/2.

Idem.

Haut., 12 cent.; larg., 9 cent.

134 — *Lavandière.*

Dessin au crayon noir.

Haut., 34 cent.; larg., 46 cent. 1/2.

134 bis — *Femme assise.*

Dessin au crayon noir.

Haut., 50 cent.; larg., 32 cent. 1/2.

135 — *Femme donnant à manger aux poules.*

Dessin à la plume.

Haut., 20 cent.; larg., 15 cent.

136 — *Tireurs de varech.*

Dessin au crayon noir.

Haut., 9 cent.; larg., 17 cent.

Les Oies.

Dessin à la plume.

Haut., 7 cent.; larg., 20 cent.

137 — *Jeune fille.*

Croquis au crayon noir.

Haut., 19 cent.; larg., 10 cent.

138 — *La Nourrice.*

Dessin au crayon noir.

Haut., 7 cent. 1/2; larg., 6 cent. 1/2.

Femme tenant un enfant.

Dessin au crayon noir.

Haut., 15 cent.; larg., 10 cent. 1/2.

139 — Six croquis à la plume et à la mine de
plomb : *Études de figure.*

140 — Six croquis à la mine de plomb, à
l'encre et au crayon noir : *Études de figure.*

141 — *Saint-Nectaire (Auvergne).*

Croquis à la plume.

Haut., 9 cent.; larg., 5 cent. 1/2.

Paysage d'Auvergne.

Aquarelle.

Haut., 9 cent.; larg., 5 cent. 1/2.

142 — Deux croquis pour *l'Angelus.*

Crayon noir.

Haut.. 5 cent.; larg., 8 cent. 1/2.

143 — *Environs de Vichy.*

Deux croquis à la plume rehaussés de pastel.

1° Haut., 11 cent.; larg., 15 cent.
2° Haut., 11 cent.; larg., 16 cent.

144 — *Lavandière.*

Dessin à la plume.

Haut., 5 cent. 1/2; larg., 8 cent.

Le Départ pour le marché.

Dessin au crayon noir.

Haut., 8 cent.; larg., 9 cent.

26882

145 — *Le Faucheur.*

Croquis au crayon noir.

Haut., 12 cent.; larg.; 7 cent. 1/2.

La Bergère.

Croquis au crayon noir.

Haut., 12 cent.; larg.. 7 cent. 1/2.

146 — *La Baratteuse.*

Croquis au crayon noir.

Haut., 11 cent.; larg., 7 cent. 1/2.

Le Jardinier.

Croquis au crayon noir.

Haut., 11 cent.; larg., 8 cent.

147 — *Paysage.*

Aquarelle.

Haut.. 18 cent. 1/2; larg., 26 cent..

147 *bis* — *Paysage.*

Aquarelle.

Haut.. 19 cent.; larg.. 26 cent.

27,337

148 — *Femme étendant du linge.*

Dessin au crayon noir.

Haut., 8 cent.; larg., 5 cent. 1/2.

Bergère et son troupeau.

Dessin à la plume.

Haut., 12 cent.; larg., 10 cent.

Fileuse auvergnate.

Dessin à la plume.

Haut., 10 cent. 1/2 ; larg., 5 cent. 1/2.

149 — *Étude pour « l'Attente ».*

Crayon noir et sépia.

Haut., 4 cent. 1/2 ; larg., 4 cent.

Femme et enfant à la porte d'une maison.

Crayon noir.

Haut., 9 cent.; larg., 8 cent. 1/2.

Femme assise.

Dessin à la plume.

Haut., 7 cent.; larg., 6 cent. 1/2.

150 — *Le Fendeur de bois.*

Dessin au crayon noir.

Haut., 14 cent.; larg., 14 cent.

151 — *La Soupe des enfants.*

Dessin à la mine de plomb.

Haut., 13 cent.; larg., 17 cent.

152 — *L'Enfant malade.*

Dessin au crayon noir.

Haut., 22 cent.; larg., 17 cent.

153 — *Le Christ en croix.*

Dessin au crayon noir.

Haut., 31 cent.; larg., 19 cent.

154 — *Jeune berger assis.*

Dessin au crayon noir.

Haut., 16 cent. 1/2; larg., 23 cent. 1/2.

155 — *Paysan appuyé sur sa bêche.*

Dessin au crayon noir.

Haut., 28 cent.; larg., 19 cent.

156 — *Buste de paysanne.*

Dessin au crayon noir.

Haut., 16 cent.; larg., 12 cent.

157 — *Paysanne accroupie.*

Dessin au crayon noir.

Haut., 20 cent.; larg., 15 cent.

158 — *Le Bûcheron.*

Croquis au crayon noir.

Haut., 12 cent.; larg., 11 cent.

La Gardeuse d'oies.

Croquis au crayon noir.

Haut., 14 cent.; larg., 16 cent.

159 — La Tondeuse.

Dessin au crayon noir.

Haut., 23 cent.; larg., 16 cent.

160 — Étude d'homme.

Crayon noir.

Femme vue de dos.

Haut., 12 cent. 1/2; larg., 9 cent. 1/2.

161 — Paysage ; environs de Vichy.

Plume et pastel.

Haut., 11 cent.; larg., 16 cent.

Falaises ; environs de Cherbourg.

Haut., 9 cent. 1/2; larg., 15 cent.

162 — Les premiers pas.

Dessin au crayon noir.

Haut., 9 cent.; larg., 11 cent.

L'Attente.

Dessin à la mine de plomb.

Haut., 14 cent.; larg., 17 cent.

163 — La Faneuse.

Croquis à la mine de plomb.

Haut., 8 cent. 1/2; larg., 13 cent.

Le Fendeur de bois.

Dessin au crayon noir.

Haut., 8 cent.; larg., 13 cent.

164 — *Femme assise.*

Deux études au crayon noir.

Haut., 12 cent.; larg., 8 cent.

165 — Quatre croquis : *Faneuse.*

Crayon noir.

Paysan au repos.

Crayon noir.

Haut., 23 cent.; larg., 9 cent. 1/2.

Porteuse de lait.

Mine de plomb.

Haut., 11 cent.; larg., 6 cent. 1/2.

Tête de femme.

Crayon noir.

Haut., 7 cent. 1/2 larg., 6 cent. 1/2.

166 — *Environs de Vichy.*

Deux dessins à la plume.

Haut., 10 cent.; larg., 13 cent.

167 — *Chemin creux en Normandie.*

Dessin au crayon noir.

Haut., 22 cent.; larg., 29 cent.

168 — *Jeune bergère tricotant.*

Dessin au crayon noir.

Haut., 22 cent.; larg., 14 cent. 1/2.

169 — Fileuse assise.

Dessin au crayon noir.

Haut., 19 cent.; larg., 15 cent. 1/2.

170 — Bergère marchant.

Dessin au crayon noir.

Haut., 32 cent.; larg., 22 cent.

171 — La Tentation du Christ.

Dessin au crayon bleu.

Haut , 29 cent.; larg., 19 cent. 1/2.

172 — Paysage.

Dessin au crayon noir.

Haut., 12 cent. 1/2 ; larg., 22 cent. 1/2.

173 — La Méridienne.

Dessin au crayon noir.

Haut., 14 cent. 1/2; larg., 21 cent. 1/2.

174 — La Leçon de couture.

Dessin au crayon noir.

Haut., 15 cent.; larg., 12 cent.

175 — Les Falaises de Gréville.

Dessin au crayon noir et pastel.

Haut., 25 cent.; larg., 39 cent.

176 — Coin de ferme en Auvergne.

Pastel.

Haut., 14 cent.; larg., 26 cent.

177 — *La Nourrice.*

Dessin au crayon noir.

Haut., 17 cent.; larg., 12 cent.

178 — *Jeune paysanne assise.*

Dessin au crayon noir.

Haut., 27 cent.; larg., 19 cent.

179 — *Danse d'amours.*

Dessin à la mine de plomb et à l'encre de Chine.

Haut., 10 cent. 1/2 ; larg., 12 cent. 1/2.

180 — *Le Christ à la colonne.*

Dessin au crayon noir.

Haut., 14 cent.; larg., 9 cent.

181 — *Bergère tricotant.*

Dessin au crayon noir.

Haut., 19 cent. 1/2 ; larg., 9 cent. 1/2.

182 — *Paysan ramenant ses chevaux le soir.*

Dessin au crayon noir.

Haut., 8 cent., larg., 10 cent.

183 — *Jeune paysanne tenant un bâton.*

Dessin au crayon noir.

Haut., 21 cent.; larg., 9 cent.

184 — *Paysan remettant sa veste.*

Dessin à la mine de plomb.

Haut., 11 cent.; larg., 15 cent.

185 — Une feuille de croquis à la plume :
les Travaux du ménage.

Haut., 19 cent ; larg., 12 cent. 1/2.

186 — *Falaises aux environs de Cherbourg.*

Dessin au crayon noir.

Haut., 22 cent. 1/2 ; larg., 28 cent.

187 — *Environs de Gréville.*

Dessin à la plume.

Haut., 18 cent.; larg., 25 cent.

188 — *Porteuse de lait.*

Dessin à la sanguine.

Haut., 23 cent.; larg., 18 cent.

189 — *Chemin aux environs de Vichy.*

Dessin à la plume rehaussé de sépia.

Haut., 16 cent.; larg., 10 cent. 1/2.

190 — *La Leçon de couture.*

Dessin au fusain.

Haut., 27 cent.; larg., 24 cent.

191 — *Portrait de M. Hunt.*

Dessin au crayon noir.

Haut., 15 cent.; larg., 13 cent.

192 — *Femme assise.*

Dessin au crayon noir.

Haut., 32 cent.; larg., 26 cent.

193 — Femme gardant des vaches.

Dessin au crayon noir.

Haut., 17 cent.; larg., 25 cent.

194 — Femme appuyée sur un bâton.

Dessin au crayon noir.

Haut., 13 cent.; larg., 22 cent. 1/2.

195 — Paysans conduisant une vache.

Dessin au crayon noir.

Haut., 16 cent.; larg., 24 cent.

196 — Études de mains :

Croquis au crayon noir.

Haut., 10 cent.; larg., 18 cent.

Croquis à la plume.

Haut., 14 cent.; larg., 14 cent.

197 — Trois études de bonnet de paysanne.

Crayon noir rehaussé de blanc.

198 — Deux croquis au crayon noir : Étude de bras.

Haut., 16 cent.; larg., 17 cent.

Étude pour la baratteuse.

Haut., 12 cent.; larg., 16 cent.

199 — Deux croquis à la mine de plomb :
L'Annonciation.

Haut., 15 cent.; larg., 19 cent.

Portrait de vieille femme.

Haut., 13 cent.; larg., 10 cent.

200 — *Jeune berger.*

Croquis à la mine de plomb.

Haut., 11 cent.; larg., 19 cent. 1/2.

Femme assise.

Étude au crayon noir.

Haut., 14 cent.; larg., 20 cent.

201 — *La Vachère.*

Croquis au crayon noir.

Haut., 8 cent.; larg., 5 cent. 1/2.

Femme tenant un enfant.

Croquis au crayon noir.

Haut., 5 cent. 1/2; larg., 4 cent.

Étude de femme.

Croquis au crayon noir.

Haut., 9 cent.; larg., 6 cent.

Étude de femme.

Croquis à la mine de plomb.

Haut., 6 cent.; larg., 6 cent. 1/2.

202 — *L'Attente.*

Croquis à la mine de plomb.

Haut., 6 cent. 1/2; larg., 11 cent.

Les Premiers pas.

Croquis au crayon noir.

Haut., 8 cent.; larg., 10 cent.

203 — *Femme faisant du pain.*

Haut,, 15 cent.; larg., 9 cent.

Paysan assis.

Deux croquis au crayon noir.

Haut., 15 cent.; larg., 9 cent.

204 — *Paysan appuyé sur sa bêche.*

Dessin au crayon noir.

Haut., 22 cent.; larg., 13 cent.

205 — *Femme lavant du linge.*

Dessin au crayon noir.

Haut., 23 cent.; larg., 17 cent.

206 — *La Tondeuse.*

Dessin au crayon noir.

Haut., 25 cent. 1/2; larg., 18 cent.

207 — *Laboureur.*

Dessin à la plume.

Haut., 13 cent.; larg., 19 cent.

208 — *Berger gardant son troupeau.*

Dessin au fusain.

Haut., 64 cent.; larg., 79 cent.

209 — *Falaises à Gréville.*

Dessin au crayon noir et à l'encre de Chine.

Haut., 31 cent.; larg., 46 cent.

210 — *Sujet biblique.*

Dessin à la mine de plomb.

Haut., 36 cent.; larg., 25 cent. 1/2.

Un des premiers dessins de J. F. Millet, fait vers l'âge de 14 ans. Au bas un verset de la Bible écrit de sa main.

211 — *Gardeuse d'oies.*

Dessin à la plume.

Haut., 10 cent.; larg., 14 cent. 1/2.

La Basse-cour.

Dessin à la plume.

Haut., 11 cent.; larg., 14 cent.

212 — *Vues d'Auvergne.*

Quatre dessins à la plume.

Haut., 5 cent. 1/2; larg., 10 cent. 1/2.

213 — *Vues d'Auvergne.*

Quatre dessins à la plume.

Haut., 5 cent. 1/2; larg., 10 cent. 1/2

214 — Vues d'Auvergne.

Quatre dessins à la plume.

Haut., 5 cent. 1/2 ; larg., 10 cent. 1/2.

215 — Vues d'Auvergne.

Quatre dessins à la plume.

Haut., 5 cent. 1/2 ; larg., 10 cent. 1/2.

216 — Cardeuse.

Dessin au crayon noir.

Haut., 24 cent.; larg., 17 cent.

217 — Le Briquet.

Quatre études sur une feuille.
Crayon noir.

Haut., 26 cent.; larg., 20 cent.

218 — La Fuite en Égypte.

Dessin au crayon noir.

Haut., 18 cent.; larg., 29 cent.

219 — Berger et son troupeau.

Dessin au crayon noir.

Haut., 17 cent. 1/2 ; larg., 30 cent.

220 — L'Attente.

Dessin au crayon noir.

Haut., 13 cent.; larg., 16 cent.

EAUX-FORTES

DE J. F. MILLET

221 — *Femme donnant la bouillie à un enfant.*

Troisième état; épreuve sur Chine collé (*Gazette des Beaux-Arts* et Delâtre).

Haut., 15 cent.; larg., 13 cent.

222 — *Les Glaneuses.*

Épreuve sur papier de Hollande.

Haut., 18 cent.; larg., 25 cent.

223 — *La même,* sur papier du Japon.

224 — *La Fileuse auvergnate.*

Deuxième état; épreuve sur vieux Hollande.
Signée à droite.

Haut., 20 cent.; larg., 13 cent.

225 — *La même,* troisième état, sur Hollande.

Signée à droite.

226 — *Petite gardeuse d'oies.*

Pointe sèche; épreuve sur Japon.

Haut., 14 cent.; larg., 12 cent.

227 — *Le Départ pour le travail.*

Deuxième état; épreuve sur Chine.
Signée à gauche.

Haut., 37 cent.; larg., 30 cent.

228 — *La même*, épreuve de troisième état, sur parchemin, avec l'adresse de Moureaux.

Signée à gauche.

229 — *La Couseuse.*

Épreuve sur Hollande.

Haut., 10 cent.; larg., 7 cent.

230 — *La même*, épreuve d'état, sur Chine collé (certains travaux dans le fond ne sont pas terminés).

231 — *La Baratteuse.*

Épreuve du premier état sur vélin avant l'adresse de Delâtre.

Haut., 17 cent.; larg., 11 cent.

232 — *La Cardeuse.*

Épreuve sur Hollande.

Haut., 24 cent.; larg., 17 cent.

233 — *Le petit bêcheur.*

Épreuve sur vélin.

Haut., 8 cent. 1/2 ; larg., 7 cent.

234 — *Femme gardant des vaches.*

Pointe sèche; troisième état.
Signée à droite.

Haut., 9 cent.; larg., 15 cent.

235 — *Idem,* même état, sur papier bleuté.

236 — *Les Tireurs de varech.*

Épreuve sur vieux Hollande.

Haut., 10 cent.; larg., 12 cent.

237 — *La Tricoteuse debout.*

Pointe sèche sur vieux Hollande.
Sur la même planche : croquis par Diaz.

Haut., 19 cent.; larg., 12 cent.

238 — *Paysan rentrant du fumier.*

Épreuve sur papier de Hollande.

Haut., 16 cent.; larg., 13 cent.

239 — *Les Bêcheurs.*

Épreuve sur Hollande.

Haut., 22 cent.; larg., 32 cent.

240 — Trois croquis : *Femme étendant du
linge. — Bêcheur au repos. — Paysan assis.*

Épreuve sur vieux Hollande.

Haut., 9 cent.; larg., 15 cent.

GRAVURES SUR BOIS

DE MILLET

241 — *La Méridienne.*

> Gravé sur bois par Lavieille.
> Épreuve d'essai sur Chine.
>
> Haut., 15 cent.; larg., 22 cent.

242 — *La Fin de la journée.*

> Gravé sur bois par Lavieille.
> Épreuve d'essai sur Chine.
>
> Haut., 15 cent.; larg., 22 cent.

243 — *La Veillée.*

> Gravé sur bois par Lavieille.
> Épreuve d'essai sur Chine volant.
>
> Haut., 15 cent.; larg., 22 cent.

244 — *Le Départ pour le travail.*

> Gravé sur bois par Lavieille.
> Épreuve d'essai sur Chine volant.
> La mise au carreau et les chiffres sont de la main
> de J. F. Millet.
>
> Haut., 15 cent.; larg., 22 cent.

245 — *Bergère assise.*

> Épreuve sur Japon.
> Signée à droite.
>
> Haut., 27 cent.; larg., 22 cent.

4

246 — *Femme versant de l'eau.*

Épreuve sur Hollande.
Signée à droite.

Haut., 14 cent.; larg., 10 cent.

247 — *La même,* épreuve sur papier vélin.

GRAVURES SUR VERRE

248 — *La Femme versant de l'eau.*
Épreuve noire.

Haut , 29 cent.; larg., 22 cent.

249 — *La même,* épreuve en bistre.

250 — *La même,* épreuve avec signature renversée.

251 — *Les Soins maternels.*

Signé à gauche.

Haut., 27 cent.; larg., 22 cent.

TABLEAUX ANCIENS ET MODERNES

AQUARELLES ET DESSINS

par divers artistes

TABLEAUX

BREUGHEL LE VIEUX

252 — *Les Patineurs.*

> Bois. Haut., 52 cent.; larg., 73 cent.

BREUGHEL LE VIEUX

253 — *Une Kermesse.*

> Vente Rousseau.
> N° 532 du catalogue.

> Bois. Haut., 72 cent.; larg., 1 m. 5 cent.

BREUGHEL LE VIEUX

254 — *Les Jardiniers.*

> Vente Rousseau. (Catalogué sous le n° 533 : *les
> Quatre Saisons.*)

> Bois. Haut., 55 cent.; larg., 76 cent.

BREUGHEL LE VIEUX

255 — *Les Œuvres de miséricorde.*

> Bois. Haut., 26 cent.; larg., 35 cent.

BREUGHEL LE VIEUX

256 — *Fête villageoise.*

Bois. Haut., 38 cent.; larg., 55 cent.

ÉCOLE DE BREUGHEL

257 — *Le Repas de Noces.*

Bois. Haut., 26 cent.; larg., 35 cent.

ÉCOLE FLAMANDE DU XVI⁰ SIÈCLE

258 — *Le Marché.*

Bois. Haut., 73 cent.; larg., 1 m. 4 cent.

VAN HEMSSEN

259 — *La Bénédiction de Jacob.*

Bois. Haut., 1 m. 20 cent.; larg., 1 m. 60 cent.

VASARI

260. — *Sainte Famille.*

Toile. Haut., 1 m. 14 cent.; larg., 82 cent.

THEOTOCOPULI dit le GRECO

261 — *L'Évêque.*

Il est vu de profil, assis à une table recouverte d'un tapis de velours rouge.

En train d'écrire, il semble s'inspirer en levant les yeux vers une statuette de la Vierge posée à sa gauche sur un socle en bois doré.

Signé à gauche.

Œuvre capitale du maître, très appréciée par Millet.

Nous rappelons, au sujet de ce tableau, la préface du catalogue de la vente Millet (en 1875) où M. Tillot cite ces paroles du maître : « Voilà, disait-il souvent dans sa dernière maladie, en montrant un tableau du Greco, accroché auprès de son lit, voilà une peinture qui est peu appréciée, l'auteur en est à peine connu. Eh bien ! je connais peu de tableaux qui me touchent, je ne dirai pas davantage, mais autant ; il fallait avoir bien du cœur pour faire une œuvre comme celle-là. »

Toile. Haut., 1 m. 10 cent.; larg., 65 cent.

ÉCOLE DE BASSANO

262 — *Ecce Homo*.

Toile. Haut., 1 mètre ; larg., 75 cent.

ROGER VAN DER WEYDEN (?)

263 — *La Descente de croix*.

Fragment.

Bois. Haut., 40 cent.; larg., 27 cent.

WILLIAM HUNT

264 — *Femme couchée*.

Bois. Haut., 27 cent.; larg., 35 cent.

AQUARELLES ET DESSINS
DE TH. ROUSSEAU

265 — 1" *Route boisée*.

Aquarelle.
Vente Rousseau.

Haut., 7 cent. 3/4 ; larg., 13 cent.

266 — 2e *Paysage.*

> Dessin à la plume.
> Vente Rousseau.
>
> Haut., 13 cent.; larg., 21 cent.

267 — 3e *Paysage aux environs de Barbizon.*

> Dessin à la mine de plomb.
>
> Haut., 13 cent.; larg., 21 cent.

DESSINS ET CROQUIS

DE E. DELACROIX

268 — *Étude de chats.*

> Dessin à la mine de plomb.
>
> Haut , 17 cent.; larg., 22 cent.

269 — *Paysage d'Orient.*

> Dessin à la sépia.
>
> Haut., 8 cent.; larg., 17 cent.

270 — *Trois études de draperie.*

> Sanguine et mine de plomb.

271 — *Études de Chats.*

> Trois feuilles de croquis à la mine de plomb.

272 — *Détails d'architecture. — Page de ma-*
nuscrit de la Bibliothèque Royale.

    Aquarelle

273 — *Dessin pour vitrail.*

    Mine de plomb et plume.
    Deux pièces sur une feuille.

274 — *Trois études d'après nature.*

    Dessin à la plume.

275 — *Dessins à la plume et à la mine de*
plomb, d'après les vieux maîtres flamands
et allemands.

    Trois feuilles.

276 — *Costumes du moyen âge.*

    Mine de plomb et plume.
    Six feuilles.

277 — *Études d'après nature, etc.*

    Dix feuilles.

278 — *Études d'art héraldique.*

    Mine de plomb et aquarelle.
    Huit pièces.

279 — *Études d'ornements d'architecture.*

    Mine de plomb et plume.
    Neuf pièces.

280 — *Études d'ornements divers.*

Mine de plomb et plume.

Vingt-quatre pièces.

281 — *Six dessins,* d'après Michel-Ange.

Mine de plomb et plume.

282 — *Dessins à la plume et à la mine de plomb,* d'après Raphaël, André del Sarte et autres maîtres italiens du xvie siècle.

Douze feuilles.

283 — *Dessins à la mine de plomb,* d'après la sculpture antique et du moyen âge.

Six feuilles.

284 — Dessins à la mine de plomb : *costumes du moyen âge.*

Quinze feuilles.

285 — Dessins à la plume et à l'aquarelle : *costumes du moyen âge.*

Huit feuilles.

286 — Dessins à la mine de plomb : *études d'après nature, animaux et paysages.*

Six feuilles.

287 — Dessins à la plume et à la mine de plomb : *costumes des XVIe et XVIIe siècles.*

Huit feuilles.

EAUX-FORTES

288 — **Delacroix (E.).** *Femme vue de dos.*
Épreuve du deuxième état.
Haut., 11 cent.; larg., 16 cent.

289 — **Delacroix (E.).** *Arabes d'Oran.*
Épreuve du troisième état.
Haut., 15 cent.; larg., 19 cent.

290 — **Delacroix (E.).** *Juive d'Alger.*
Épreuve du premier état.
Haut., 20 cent.; larg., 15 cent.

291 — **Delâtre.** *Douze pièces, eaux-fortes origi-
nales.*
Très belles épreuves.

292 — **Jacque (Ch.)** *Paysage.*
Pointe sèche.
Signée et datée 1844.
Pièce rare.

293 — **Méryon.** *Le Château de Chenonceaux.*
Épreuve sur Chine collé.

294 — **Méryon.** *La Tour de l'Horloge.*
Épreuve sur Chine collé.

295 — **Méryon**. *Le Pont-au-Change.*

Épreuve sur Chine collé.

296 — **Méryon**. *Le Stryge.*

Épreuve sur Chine remonté.

297 — **Méryon**. *Le Pont-Neuf.*

Épreuve sur Chine collé

298 — **Gaillard**. *La Tête de cire.*

Épreuve avant toute lettre sur Chine collé.

Haut., 12 cent.; larg., 19 cent

299 — **Jongkind**. *Port de mer.*

Deux eaux-fortes, dont une avant toute lettre.

300 — **Delacroix** (E.). *Seigneur cuirassé tenant une épée.*

Très belle épreuve du premier état.

Haut., 11 cent.; larg., 7 cent.

301 — **Delacroix** (E.). *Le Forgeron.*

Épreuve du premier état, avec croquis dans les marges.

Haut., 22 cent.; larg., 17 cent.

302 — **Delacroix** (E.). *Homme tenant un cheval.*

Très belle épreuve.

Haut., 18 cent.; larg., 13 cent.

LITHOGRAPHIES

303 — **Delacroix** (E.). *Faust et le barbet.*

304 — **Delacroix** (E.). *Hamlet.*

Paris, chez Gihaut.
Treize lithographies.

305 — **Delacroix** (E.). Trois lithographies pour *Hamlet.*

Paris, Dusacq et C⟨ie⟩, 1864.
(Ce numéro forme avec le précédent un exemplaire complet des lithographies de Delacroix pour *Hamlet.*)

306 — **Delacroix** (E.). Quatre lithographies pour *Goetz von Berlichingen.*

Très beau tirage, mais les marges tachées.

307 — **Delacroix** (E.). *Lion dévorant un cheval. — Les Muletiers de Tétuan. — Femme d'Alger.*

Cinq planches de médailles. (Lithographie et procédé.)
Huit feuilles.

308 — **Daumier.** *Le Ventre législatif.*

Très belle épreuve.

GRAVURES SUR VERRE

309 — **Corot**. *Chevaux à l'abreuvoir.*

Haut.. 15 cent.; larg., 19 cent.

310 — **Corot**. Cinq croquis sur une feuille : *paysages et figures.*

Haut., 27 cent.; larg., 35 cent.

311 — **Corot**. *Cavaliers (sous bois).*

Haut., 28 cent.; larg., 22 cent.

312 — **Corot**. *Figures sous bois.*

Haut., 36 cent.; larg., 28 cent.

313 — **Corot**. *Paysage avec femme portant un enfant.*

Haut., 34 cent.; larg., 26 cent.

314 — **Corot**. *Sous bois.*

Haut., 19 cent.; larg., 15 cent.

315 — **Corot**. *Souvenir d'Italie.*

Haut., 13 cent. 1/2 ; larg., 19 cent.

316 — **Corot**. *Même sujet que le numéro précédent*, mais dont le tirage est fait en sens inverse.

Haut., 13 cent. 1/2 ; larg., 19 cent.

317 — **Corot.** *Cavalier (sous bois).*

> Haut., 15 cent.; larg., 18 cent. 1/2.

318 — **Corot.** *Jeunes filles sous un arbre.*

> Haut., 19 cent.; larg., 13 cent.

319 — **Daubigny.** *Le Printemps.*

> Haut., 15 cent.; larg., 19 cent.

320 — **Delacroix.** *Tigre en arrêt.*

> Haut., 16 cent.; larg., 19 cent.

321 — **Rousseau (Th.).** *La Plaine de Barbizon.*

> Haut., 23 cent.; larg., 29 cent.

322 — **Rousseau (Th.).** *Les Cerisiers de la Plante à Biaud.*

> Haut., 22 cent.; larg., 28 cent.

GRAVURES

D'APRÈS J. F. MILLET

323 — *Bergère et son troupeau.*

Gravé par Ben-Damman.

Épreuve sur Japon avant toute lettre avec dédicace de l'auteur à Mme Millet.

> Haut., 46 cent ; larg., 55 cent.

324 — *La Fileuse au rouet.*
Gravé par Ben-Damman.
Épreuve de remarque avec dédicace de l'auteur à
Mme Mi' et.

Haut., 40 cent.; larg., 30 cent.

325 — *La Mort et le Bûcheron.*
Gravé par Hédouin.
Épreuve avant toute lettre.

Haut., 13 cent. 1/2 ; larg., 18 cent.

326 — *La Fin de la journée.*
Eau-forte par Coutil.

Haut., 28 cent.; larg., 35 cent.

327 — **Charles Jacque** et **Lavieille.** *Les Mois,*
neuf pièces, épreuves d'artiste sur Chine
Épreuve sur Hollande.

328 — *Femme lavant du linge.*
Gravé par Lesigne.
Épreuve de remarque sur parchemin avec dédi-
cace du graveur à Mme Millet.

Haut., 23 cent. 1/2 ; larg., 18 cent. 1/2.

329 — *La Porteuse d'eau.*
Gravé par Lesigne.
Épreuve de remarque sur parchemin avec dédi-
cace du graveur à Mme Millet.

Haut., 22 cent.; larg.. 16 cent.

330 — *L'Angelus.*
Gravé par Ch. Giroux.
Envoi de l'auteur à Mme Millet.

Haut., 21 cent.; larg.. 25 cent.

LIVRES

331 — *Sonnets et Eaux-fortes.*

> Paris, Lemerre, 1869. Un vol. in-8º.
> Sur la couverture : EXEMPLAIRE DE MONSIEUR
> J. F. MILLET. A. L. Alph. Lemerre.)

332 — **Gœthe**. *Faust.*

> Traduit en français par M. A. Stapfer. Paris,
> Motte, 1828. Portrait de Gœthe et dix-sept lithogra-
> phies, par E. Delacroix.
> Cet exemplaire a ses couvertures, mais la planche
> du *Duel* manque.

333 — **Lessore** (d'après **Millet**). *Les Travaux des champs.*

> Onze pointes sèches avec titre gravé.
> Paris, 1880.

MEUBLES ET OBJETS DIVERS

GRAVURES EN LOTS

CÉRAMIQUE ·

334 — Compotier, Rouen, décor à la corne tronquée et à la haie fleurie.

335 — Bassin, Rouen, décor à la corne d'abondance.

336 — Deux légumiers couverts, Rouen, décor à la corne d'abondance.

337 — Soupière ovale couverte, Rouen, décor à la corne d'abondance.

338 — Fontaine d'applique, Rouen, décor polychrome de fleurs.

339 — Bassin, Rouen, décor bleu et rouille.

340 — Hanap-casque, Rouen, décor bleu.

341 — Quatre jardinières variées, faïence française.

342 — Plat en ancienne faïence hispano-mauresque, à reflets rouge cuivreux.

343 — Plat, faïence espagnole : Guerriers.

344 — Huit pièces, faïence : encrier, deux huiliers, cinq burettes.

345 — Bassin, Moustiers, décor bleu, draperies et cariatides.

346 — Deux plats longs, faïence du Midi à fleurs.

347 — Plat rond, Delft polychrome, arbustes et oiseaux.

348 — Quatre plats variés, faïence.

349 — Trois plats longs, Rouen, décor bleu.

350 — Trois autres : deux ronds, un octogone.

351 — Six pièces : bannette, décor bleu, légumier couvert, saucière, deux saladiers, petit plateau octogone, faïence.

352 — Trois pièces : soupière et légumiers couverts, Strasbourg.

353 — Trois pots à eau, l'un d'eux couvert, faïence.

354 — Trois pièces : deux potiches, Delft, décor bleu, et gourde, faïence française.

355 — Environ cinquante-quatre assiettes et petits plats, faïences diverses.

356 — Onze pièces : jardinière, porcelaine, pot cylindrique, grès, deux soucoupes, faïence et sept pots à crème couverts, terre de pipe.

357 — Cinq pièces : potiche, trois théières couvertes, Chine et Japon, et boîte couverte, poterie du Japon.

OBJETS VARIÉS, MEUBLES

358 — Pendule Louis XVI, en bronze doré et bronze patiné : Figurine de fillette lisant, accotée au mouvement; socle en marbre blanc.

359 — Jardinière, bronze du Japon.

360 — Dix pièces verrerie : flacons, verres à pied.

361 — Haut-relief sans fond, en bois sculpté : la Mise au tombeau. xvi⁰ siècle.

362 — Haut-relief en bois sculpté, peint et doré : l'Annonciation. xvi⁰ siècle.

363 — Deux pièces : Statuette de sainte femme, marbre tendre blanc, et tête de sainte femme, pierre.

364 — Buffet à deux corps en noyer, le corps supérieur vitré.

365 — Meuble à deux corps Louis XIII en bois sculpté.

366 — Support à pied tourné en noyer.

367 — Fauteuil Louis XIV, couvert de tapisserie au point.

368 — Glace, cadre doré.

369 — Grande glace.

370 — Table de salle à manger.

371 — Piano droit, de Gaveau.

GRAVURES EN LOTS

372 — Deux lots d'estampes japonaises.

373 — Dessins de diverses écoles : 33 pièces.

374 — Imagerie populaire : sujets religieux, 41 pièces coloriées.

375 — Imagerie populaire du XVIIIᵉ siècle. 48 pièces coloriées.

376 — Très jolie collection de 33 miniatures, tirage en couleurs, du XVIIIᵉ siècle.

377 — Un lot de gravures en couleurs.

378 — Un lot de gravures diverses.

379 — Un lot de gravures en couleurs : Suisse, Auvergne, etc.

380 — Un lot de gravures diverses.

381 — Un lot de gravures de Rembrandt, Jan Luyken, Van Ostade, etc. 45 pièces.

382 — Un lot de 30 gravures : costumes, etc.

383 — Gravures en couleurs du XVIIIᵉ siècle, 15 pièces.

384 — Lot de gravures sur bois d'Alber Dürer et autres.

385 — Lot de gravures sur bois du XVᵉ siècle.

386 — Imagerie religieuse du XVIIᵉ siècle, 7 pièces.